Rouen 16 Juillet 1901

COMMISSAIRES-PRISEURS DE ROUEN

VENTE APRÈS DÉCÈS

DE

TRÈS BEAUX MEUBLES ANCIENS

FAÏENCES

PORCELAINES & VERRERIES

ANCIENNES

Provenant du « Domaine du Parquet »

Commnne de La Vaupalière

Les Mardi 16 et Mercredi 17 Juillet 1901
et Jours suivants

A UNE HEURE ET DEMIE PRÉCISE

A L'HOTEL DES VENTES DE ROUEN

Avec l'assistance de M. LEFRANÇOIS, Expert en Objets d'Art
à Rouen, rue d'Amiens, 46

ROUEN

HOTEL DES VENTES

46, Rue Saint-Nicolas, 46

VENTE APRÈS DÉCÈS

DE

TRÈS BEAUX MEUBLES ANCIENS

FAÏENCES

PORCELAINES & VERRERIES

ANCIENNES

Provenant du « Domaine du Parquet »

Commune de La Vaupalière

Les Mardi 16 et Mercredi 17 Juillet 1901

et Jours suivants

A UNE HEURE ET DEMIE PRÉCISE

A L'HOTEL DES VENTES DE ROUEN

Avec l'assistance de M. LEFRANÇOIS, Expert en Objets d'Art

à Rouen, rue d'Amiens, 46

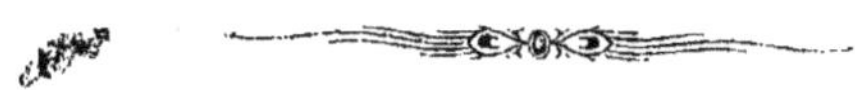

ROUEN

HOTEL DES VENTES

46, Rue Saint-Nicolas, 46

CONDITIONS DE LA VENTE

Elle sera faite expressément au comptant ; les acquéreurs paieront 10 % en sus du montant de l'adjudication applicables aux frais.

Le Commissaire-Priseur, chargé de la vente, se réserve la faculté de réunir ou diviser les lots ; les tares et défauts seront annoncés à chaque mise en vente des objets.

L'Exposition permettant de se rendre compte de l'Etat et de la nature des objets et meubles mis en vente, il ne sera admis aucune réclamation une fois l'adjudication prononcée.

En cas de contestation sur une enchère, l'objet sera immédiatement remis en vente.

Aucun objet ne sera retiré avant la vente ou vendu à l'amiable.

L'ordre numérique du Catalogue pourra ne pas être suivi à chaque vacation.

Les acquéreurs devront prendre livraison des objets vendus au plus tard le lendemain, de neuf à onze heures du matin.

M. Lefrançois remplira les commissions des personnes qui ne pourraient assister à la vente.

ORDRE DES VACATIONS

Le Mardi 16......... Du N° 1ᵉʳ au N° 75.

Le Mercredi 17...... Du N° 76 jusqu'à la fin.

Visible le Lundi 15 Juillet, de 2 à 4 heures.

CATALOGUE

FAIENCES

Rouen

1 — 4 Cache-Pots et 1 Bouteille , décor bleu et polychrome (à diviser).

2 — Grand Vase, décor polychrome, à anses, guirlande, avec son couvercle.

3 — Potiche, décor bleu à guirlande.

4 — Grand Vase à anses, dit Bain de pied.

5 — Grande Cuvette de fontaine, décor bleu.

6 — Petite Fontaine, décor polychrome à guirlande.

7 — 2 Bouquetières à pans coupés, décor bleu.

7 *bis* — 2 Levrettes.

8 — Petit Plat à pans coupés, décor rayonnant.

8 *bis* — Jolie petite Bouteille, décor genre à la Corne.

8 *ter* — Flambeau, décor bleu.

Nevers

9 — 5 Assiettes patriotiques.

9 *bis* — Petit Soulier.

Desvres

10 — 3 Assiettes, décor polychrome à guirlandes.

11 — 1 Plat long à sujet chinois, décor polychrome.

Aprey

12 — Sucrier ovale avec plateau adhérent, décor paysage et oiseaux.

13 — Couvercle de soupière, décor fleur polychrome.

Moustiers

14 — Petit Plat, décor bleu, dessin de Bérain.

Marseille

15 — Cache-Pot à anse avec armoiries, décor manganèse.

15 *bis* — Jardinière en faïence de Sceaux.

Strasbourg

16 — Bannette ovale à anses, à 4 compartiments, décor fleur.

17 — Autre Bannette ovale Strasbourg.

18 — 7 Assiettes, décor fleur (très fines).

19 — 3 Assiettes dont une au Chinois.

20 — 4 autres à bord dentelé, décor bleuets.

21 — 3 Assiettes patriotiques.

21 *bis* — 2 Corbeilles non décorées et Plateaux.

Delft

22 — Plat rond, décor polychrome, au tonnerre.

23 — Potiche, décor bleu.

---

24 — Poule et ses Poussins, faïence moderne.

25 — Un Vase cornet, faïence italienne,

26 — Cornet hispano-arabe.

27 — 2 Cruches grès de Flandre.

28 — 10 Assiettes et 1 Bannette avec plateau terre de pipe.

PORCELAINES DIVERSES

29 — 10 Assiettes Tournay, pâte tendre, décor bleu, à bords contournés.

30 — Soupière ronde, porcelaine dite à la Reine, décor de fleurs au naturel.

31 — 2 Bannettes à fruits, genre coquille, décor de fleurs.

32 — Théière, porcelaine de Lokrey ?

33 — 4 Compotiers, décor fleurettes.

34 — Bannette genre Saxe et Soucoupe porcelaine Sèvres, au chiffre de Louis-Philippe.

35 — Tasse et Soucoupe en porcelaine de Saxe, décor fleurs.

36 — Théière en Saxe, décor fleurs.

37 — 2 Tasses, porcelaine à la Reine.

38 — 7 petits Pots à crême, porcelaine de vieux Sèvres, pâte tendre.

39 — Tasse avec Soucoupe vieux Sèvres, pâte tendre, non décorée.

40 — 2 Tasses à café avec leur Soucoupe, porcelaine de Mennecy, décor fleurs.

41 — Tasse et Soucoupe porcelaine à la Reine.

PORCELAINES

DE CHINE, DU JAPON & DE L'INDE

42 — 8 grandes Assiettes vieux Chine, famille verte, décor fleurs et au dragon (à diviser).

43 — 12 Assiettes creuses, en Chine, décor à sujet chinois (à diviser).

44 — 6 Assiettes Chine, famille rose, dessins variés (à diviser).

45 — 9 Assiettes, porcelaine de l'Inde, décor fleurs.

46 — 35 Assiettes Japon, décor polychrome bleu, rouge et or (à diviser).

47 — 9 Compotiers, Japon. décor bleu, rouge et or (à diviser).

48 — 9 Plats Japon, décor polychrome bleu, rouge et or.

49 — 73 Assiettes en vieux Japon, décor bleu.

50 — 6 petits Cendriers Japon (modernes).

50 bis — 2 Tabourets Japon (moderne), fond bleu avec décor fleurs en relief.

51 — 3 Potiches Chine, décor mandarins.

52 — Potiche porcelaine de l'Inde.

53 — 2 Soucoupes famille verte et 2 petites Tasses Japon avec soucoupes.

54 — 2 grandes Potiches Japon, décor bleu.

55 — Pot à eau Japon, décor bleu.

56 — 2 Boîtes à thé, porcelaine de l'Inde, décor fleurs.

VERRERIE

57 — 2 Sucriers avec Plateaux en verre de Venise.

58 — 1 Sucrier en verre de Venise.

59 — 2 petits Carafons en verre taillé, avec leur plateau.

59 bis — 2 Flacons verre taillé pointe de diamant.

60 — 2 Verres à pied avec couvercle verre de Bohême gravé. avec personnages (à diviser).

61 — Verre de Venise à Champagne.

62 — 2 petits Verres à pied de Venise.

63 — Petite Corbeille avec son Plateau verre de Bohême taillé.

64 — Sucrier verre taillé, un autre sans couvercle, une Salière, une petite Coupe, un Flacon, une Salière verre de Bohême et de Venise.

65 — Coupe en verre de Venise.

66 — 2 Sucriers en verre taillé, avec leurs Plateaux.

67 — Un Sucrier et son Plateau en verre taillé de Bohême.

68 — Un Carafon verre taillé de Bohême.

69 — Un Carafon, un Plateau verre taillé de Bohême.

70 — Un Sucrier avec son Plateau en verre gravé.

71 — 27 Verres à pied verre de Venise.

72 — Plateau verre avec 2 Carafons, 12 Verres à anse, décor or (moderne).

VERNIS MARTIN

73 — 2 Rafraichissoires toile laquée, vernis Martin.

74 — 2 Jardinières tôle peinte et dorée, époque Empire.

75 — 2 autres plus petites avec médaillon.

MEUBLES

76 — Un Meuble de salon époque Louis XVI, composé de 8 Fauteuils et un Canapé en bois sculpté à colonettes, de forme carrée, peint en noir et recouvert en tapisserie d'Aubusson fin, avec personnages et fables de La Fontaine.

77 — 2 autres Fauteuils époque Louis XVI, recouverts de tapisserie d'Aubusson, avec sujets dans les médaillons.

78 — 4 Fauteuils époque Louis XVI, forme médaillon, en bois sculpté du temps, recouverts en tapisserie au point.

79 — Un Meuble de salon époque Louis XVI, en bois doré, à médaillon, composé de 6 Fauteuils, 4 Chaises, un Canapé, recouverts en soie lampas de l'époque.

80 — 2 Fauteuils époque Louis XVI, à dossier cuir, recouverts en soie janne.

81 — 2 jolies Consoles époque Louis XVI, à 4 pieds, en bois sculpté et doré, pour entre-deux de fenêtres, à dessus de marbre blanc

82 — 2 Encoignures époque Louis XV, laquées noir et or, avec marbre blanc.

83 — Un très beau Bureau plat, époque de la Régence, plaqué en bois de violette, garni de bronzes du temps.

84 — Une grande Glace biseautée, époque de Louis XIII, avec application de verre taillé et gravé sur fond bleu.

85 — Un Lustre époque Louis XIII, à 6 lumières, garni de cristaux en verre taillé et pyramides, avec monture en bronze doré.

86 — Un autre Lustre époque Louis XIII, à 6 lumières, avec cristaux en verre taillé et pyramides, avec monture en bronze doré.

87 — Glace époque Louis XVI, bois sculpté et doré.

88 — Un Bois de Lit acajou, époque Empire, garni de bronze doré, avec son baldaquin et un amour en bois sculpté et doré.

89 — Une Commode de la même époque, plaquée en acajou, avec tête en bronze doré.

90 — Une Table à ouvrage acajou avec glace, garnie de bronze, et tablette marbre.

91 — Un Secrétaire Empire, acajou.

92 — Assemblée de petits Personnages en verre de Limoges émaillé en couleur, représentant le Temple de l'Amitié, époque Louis XVI, sous verre.

93 — Une Console d'applique Louis XVI, à guirlandes en bois sculpté et dessus de marbre.

94 — Une grande et très belle Pendule d'applique, avec socle, plaquée en écaille et marqueterie de cuivre, époque de la Régence, garnie de bronze doré.

95 — Un petit Tableau cadre ovale, bois sculpté et doré, époque Louis XIV, représentant un Seigneur.

96 — Un très joli Tableau (représentant une Descente de croix) attribué à Sébastien Bourdon.

97 — Une très grande Vitrine plaquée en bois d'amaranthe, à 2 portes, garnie de bronze ancien redoré, époque Régence.

98 — Une autre Vitrine plaquée en bois de violette, forme cintrée, époque Louis XIV, bronzes anciens redorés.

99 — Un petit Meuble Louis XIII, en marqueterie, porté sur une table à pieds tors, avec statuette en buis au centre.

100 — Un Guéridon acajou à 4 pieds cannelés, à dessus de marbre, entouré d'une galerie, époque Louis XVI.

101 — Une petite Commode, époque Louis XVI, plaquée en bois de rose, à dessus de marbre, garnie de bronzes.

102 — Une Garniture de Cheminée, composée d'une Pendule et 2 Candélabres à 5 lumières, en bronze, montée sur marbre jaune.

103 — Une grande Table d'appui à 6 pieds, en bois sculpté, style Louis XVI, avec très beau marbre ancien (0 m. 05 d'épaisseur, 2 m. 20 de longueur).

104 — Un Bahut ancien, bois sculpté, époque du XVIe siècle, transformé en banquette.

105 — Une Horloge, bois sculpté.

106 — 2 Tables bouillotte, plaquées acajou, forme ronde, époque Louis XVI (à diviser).

107 — Un Bureau plat Louis XVI, plaqué acajou, à pieds cannelés.

108 — Une Chaise longue, bois sculpté et peint, époque Louis XIV.

109 — 2 Chenets en bronze à draperie, époque Louis XVI.

110 — Coffre à bois garni de 5 panneaux gothiques.

111 — Ecran Louis XVI, peint en blanc.

112 — Table-Bureau plaquée acajou, avec galerie cuivre, pieds cannelés, entourée d'une galerie, époque Louis XVI.

113 — Bureau plat, époque Louis XVI, à pieds carrés.

114 — Un Ecran acajou, époque Louis XVI.

115 — 3 Fauteuils Louis XVI, médaillon recouvert en étoffe bleue.

116 — Un Vaissellier en chêne, époque Louis XVI.

117 — Un Fauteuil et une Chaise Louis XVI, à fond paille.

118 — Une jolie petite Commode, époque Louis XV, plaquée en bois de rose. à deux tiroirs, garnie de bronze, avec marbre.

119 — Un petit Meuble de salon, composé de 6 Fauteuils et 1 Canapé, époque Louis XVI, peints en blanc, recouverts d'indienne.

120 — 2 Chaises, époque Louis XVI, en bois sculpté, à colonnette détachée.

121 — 2 Fauteuils à médaillon, époque Louis XVI, recouverts en damas de soie rouge.

122 — 5 Fauteuils, époque Louis XV, recouverts en indienne.

123 — Une Commode Louis XV, plaquée en palissandre, à quatre tiroirs, garnie de bronze et à dessus de marbre.

124 — Glace Louis XVI, avec encadrement bois sculpté et redoré.

125 — Un petit Bureau plat, plaqué acajou, époque Louis XVI.

126 — Une Pendule, époque Empire, bronze doré, socle en marbre vert de mer.

127 — Un Bois de Lit acajou, époque Empire, avec tête en bronze, et une Table de nuit acajou.

128 — Une petite Commode Louis XVI, plaquée bois de rose, à 3 tiroirs, avec marbre.

129 — Un petit Bureau à cylindre, époque Louis XVI, plaqué acajou, à dessus de marbre, entouré d'une galerie.

130 — 2 Flambeaux bronze doré, époque Louis XVI, à tige cannelée.

131 — Jolie Commode, époque Louis XV, plaquée en bois de rose, à 3 tiroirs, haute sur pied, à dessus de marbre, garnie de bronze.

132 — Porte-Montre Louis XV, écaille incrustrée d'ivoire, garni de bronze.

133 — 2 Girandoles, style Louis XV, bronze.

134 — 2 paires d'Appliques bronze doré, à quatre lumières, époque de la Restauration.

135 — Commode plaquée en bois de palissandre, à 4 tiroirs, époque Louis XIV, avec cuivre et dessus de marbre.

136 — Table-Toilette acajou, époque Louis XVI, à pieds cannelés et 5 tiroirs à l'intérieur, garnie de petits pots et verrerie à l'intérieur.

137 — Petit Cabinet marqueterie, à deux portes, avec tiroirs intérieurs.

138 — 2 Chenets, époque Louis XVI, en bronze.

139 — Petite Table époque Louis XIV, en bois de violette.

140 — Petit Bureau Louis XV, à dos d'âne, avec marqueterie de citronnier.

141 — Bergère et 2 Fauteuils Louis XVI, recouverts en étoffe rouge à fleurs.

142 — Bois de Lit époque Louis XVI, en chêne sculpté, garni d'étoffe en indienne à fleurs, et les rideaux id.

143 — Table de nuit Louis XVI, plaquée acajou.

144 — Jolie petite Pendule Louis XVI, montée sur des colonnes en marbre blanc, garnie de bronzes dorés et ciselés.

145 — Christ en ivoire, époque Louis XV.

146 — Grande Table de Toilette plaquée en acajou moucheté, époque Louis XVI, encadrée de perles en bronze doré.

147 — Petit Cadre Louis XIV, bois sculpté et doré.

148 — 3 Bois de Fauteuils bois sculpté, époque Louis XVI (à diviser).

149 — 2 Bergères Louis XVI.

150 — Un Bois de Fauteuil d'enfant.

151 — 4 Fauteuils et 8 Chaises Louis XV, bois peint.

152 — Un petit Meuble Bonheur du jour, acajou, à dessus de marbre, entouré d'une galerie.

153 — Table de nuit époque Louis XV, en bois de rose avec marbre.

154 — Environ, 30 Panneaux gothiques et environ 28 Panneaux Renaissance.

155 — Bureau plat Empire, acajou.

156 — 2 Fauteuils Louis XVI, recouverts en étoffe imprimée.

157 — Un petit Dessous de meuble époque Louis XIII.

158 — 2 Chenets époque Louis XIV, en bronze.

IMPRIMERIE DU JOURNAL DE ROUEN